¡Vama
fiesta!

Matilde Miles
ilustrado por Julia Filipone-Erez

El carro está aquí.
Pepe dice:
—¡Vamos, Viqui!

El bus está aquí.
Lulu dice:
—¡Vamos, Quique!

El carro está aquí.
Oto dice:
—¡Vamos, Roque!

El tren está aquí.
Mimi dice:
—¡Vamos, Paquita!

La carreta está aquí.
Pocha dice:
—¡Vamos, Coqui!

El avión está aquí.
Ana dice:
—¡Vamos, Chiqui!

El buque ya se va.
Ali dice:
—¡Vamos, Peque!